Karl Friedrich Hensler

Das Sonnenfest der Braminen

Ein heroischkomisches Original-Singspiel

Karl Friedrich Hensler

Das Sonnenfest der Braminen
Ein heroischkomisches Original-Singspiel

ISBN/EAN: 9783743660144

Hergestellt in Europa, USA, Kanada, Australien, Japan

Cover: Foto ©Thomas Meinert / pixelio.de

Weitere Bücher finden Sie auf **www.hansebooks.com**

Das Sonnenfest der Bramine

Ein heroisch-komisches Original-Singspiel
in zwey Aufzügen,

für die k. k. privil.

Marinellische Schaubühne
von
Karl Friedrich Hensler.

Die Musik ist
von
Herrn Wenzel Müller,
Kapellmeister.

Personen.

Nedan Solana, Gouverneur der Insel.   Hr. Epizell.

Viele seines Hofstaats und Gefolge.   { Hr. Joh. Sartl.
{ Hr. A. Sartl. u. m.

Oberpriester der Braminen.   Hr. Ign. Sartori.

Mehrere Priester.   { Hr. Jos. Marinel.
{ Hr. Berger. u. m.

Oberpriesterinn.   Mad. Baumann.

Mehrere Priesterinnin.   { Mad. Reisenhub.
{ Dem. Bullinger.

Caleph, ein alter Insulaner.   Hr. Donst.

Sella, } seine Töchter.   { Mad. Martineau.
Ora, }   { Dem. Ummann.

Mädchen bey dem Gouverneur.   { Dem. Schmidt.
{ Dem. See.

Lord Jansen, Seekapitain.   Hr. Kienbl.

Eduard, ein junger Engelländer.   Hr. Boubra.

Laura Windsor.   Dem. Babet Sartl.

Barzalo, Eduards Bedienter.   Hr. Baumann b. äl.

Sirokko, Gärtner.   Hr. Baumann b. jü.

Lika, seine Frau.   Mad. Müller.

Englische Seeoffiziere.

Englische Schiffssoldaten.

Matrosen, Schiffvolk.

Indianisches Volk, Sklaven, Kinder.

Die Handlung geschieht auf einer indianischen Insel, und dauert von einem Morgen bis auf den andern

Dem
verehrungswürdigen
Publikum Wiens
gewidmet.

Dieses Singspiel wagen wir, mit all der Hochachtung und Dankbarkeit, welche wir im vollkommensten Grade in unsrem Herzen fühlen, dem **verehrungswürdigsten Publikum Wiens** zu widmen.

Wir benüzten den Zeitpunkt, diese Oper auf die Bühne zu bringen, da wir das Glück haben, so viele hohe Anwesende in unsern Mauern zu sehen, den Zeitpunkt, wo eine zwofache Vermählung unsers allgemein geliebten **Erzherzogs** und **Seines Durchlauchtigsten Bruders** gefeyert wird.

Verbindungen, welche so viel Glück und Seegen über Nazionen verbreiten, durch öffentliche Schauspiele zu verherrlichen, ist Pflicht des Unterthans, Pflicht des Patrioten — und wie höchst zufrieden wären wir, durch diese Oper, bey deren Aufführung weder Fleiß noch Kosten gesparet worden, einen Beweiß zu geben, wie sehr wir uns angelegen seyn lassen, die Gnade, den widerholten Beyfall eines so gütigen, als nachsichtsvollen Publikums zu verdienen.

Im Herbstmonat.
1790.

Erster Aufzug.

Erster Auftritt.

(Indianische Gegend, im Hintergrunde die See. Auf einer Seite der Bühne eine Hütte mit Bäumen versetzt, auf der andern ein Felsenstück, das in die See ragt. Mitten auf der Bühne ein brennendes Feuer, wobey eine Stange mit einem Hirsch ist, dessen Geweyhe mit Blumenkränzen behängt sind. Um das Feuer ist ein Chor Priester und Priesterinnen auf den Knien, jeder Priester hat vor sich auf der Erde ein Gefäß mit brennendem Feuer. Die Priesterinnen haben Rauchwerk. — Ein fürchterliches Gewitter — Die Blitze kreuzen sich am Horizont — die See tobt — Bey Eröfnung der Kortine wird mit heiligen Ceremonien gesungen.)

Chor.

Brama ist Gott, und keiner mehr,
Nichts sind der Welten Götter,
Unendlich, ewig ist nur er,
Brama ist unser Retter!

(Feyerliche Musik, unter welcher der Oberpriester spricht) Auserkohrne des Wistnu! Kinder des ewigen Brama! Heil uns allen! denen durch Bramas Donner der feyerliche Tag verkündiget wird, an welchem seine geheiligten Priester das Fest der uns so wohlthätigen Gottheit feyern sollen. Heil uns allen! — Seht wie die heilige Flamme emporsteigt, und sich mit den schlängelnden Blitzen des Horizontes vermenget, seht, wie sie emporsteigt zu dem süssen Wohlgefallen unsers ewig grossen, ewig wahren, ewig allmächtigen Brama — (Pause) Wohlan! stürzet nieder — betet ihn an im Staub — erfüllet die Lüfte von seiner Grösse mit dem Brausen des Sturmwindes, mit dem Brüllen seiner Donner — (Sie fallen alle auf ihre Angesichter) Brama ist Gott!

      Chor wird wiederholt.

(Es geschieht ein fürchterlicher Donnerschlag, der Bliz hat das Feuer ausgelöscht, das Opfer verschwindet, sie entfliehen alle unter dem Ausruff:) Brama!

Zweyter Auftritt.

(Das Gewitter wüthet immer mehr.)

Bella kömmt furchtsam aus ihrer Hütte, ein Binsenkörbchen am Arm, hinter ihr Kaleph mit seiner jüngsten Tochter, er will Bella in die Hütte zurückholen, um der Gefahr des Gewitters zu entgehen — Indessen erscheint ein kleines Boot auf den tobenden Wellen getrieben) (in der Ferne).

Eduard. }
Barzalo. } Hülfe, Hülfe, steht uns bey!

Bella. }
Lora. } Vater! hört, hört, welch Geschrey —

ein Singspiel in zwey Aufzügen.

Bella. } Vater! eilt — ach welch Entsetzen!
Lora. } Es sind Menschen, unsre Freunde —
Kaleph. Es sind Britten, unsre Feinde —
Bella. }
Lora. } Lasset uns zu Hülfe eilen —
Kaleph. Nein ich kann mich nicht verweilen
   Meinem Pfeil hol ich herbey — (Sie halten
           ihn zurück)
Eduard. }
Barzalo. } Zu Hülfe —
Kaleph. } Zwischen Rach und Liebe bebet
Bella. } Mein
Lora. } Sein } von Schmerz gebeugtes Herz.
Bella (zu Lora) Ich will mich von hinnen schleichen,
  Schwester! halte ihn zurück —
Kaleph. (zu Lora) Nein, du sollst nicht von mir
       weichen,
  Harre diesen Augenblick. —
  (Bella schleicht sich an das Ufer, löset einen kleinen
Fischerkahn ab. Sie fällt vor ihn hin)
Bella. Rett sie aus der Meeres Fluth,
Kaleph. Mein Herz schlägt vor Flamm und Wuth.

Dritter Auftritt.

(Indessen haben sich Eduard und Barzalo an das
Ufer geflüchtet —
  (eilt furchtsam umher)
Barz. Nun sind wir verloren, welch schrecklicher Ort
Eduard. Nun sind wir gerettet, welch glücklicher Ort
Barz. Kommt, Herr! kommt, laßt uns eilen,
  Hier blüht nicht unser Glück.
Eduard. Ich bleibe hier zurück.
Bella. }
Lora. } (bittend zu Kaleph) Kommt, lasset uns
         nicht weilen,
  Hört, wie die Winde heulen,
  Seht, Vater! ihren Blick,

Kaleph. Ich hör, wie Winde heulen,
Ich sehe ihren Blick,
Und nimm sie nicht zurück.
Eduard.⎫ Sein Auge zeuget Rache,
Barz. ⎭ Die Miene zeuget Wuth,
Mir ist nicht wohl zu Muth.
Barz. (Zu Eduard, ihm ins Ohr schreyend.) Herr!
Hier giebts Menschenfresser —
Bella.⎫ Seht nur Vater! ihren Blick —
Lora. ⎭ Nehmet sie mit euch zurück.
Eduard. (zu Kaleph.) Ich bin dein Freund —
Barz. Und ich auch — (will ihm die Hand reichen,
eilt aber gleich wider zurück.
Kaleph. Du bist ein Britte?
Eduard. Ich bin ein Britte —
Kaleph. So sollest du auch sterben,
Denn deine Nazion
Die stahl mir meinen Sohn! —
Barz. Herr! ich bin ein Spanier,
Und nenn mich Barzalo.
Kaleph. Steh auf —
Karz. (Auf den Knien, weinend) Ich sag es unverholen,
Ich habe nichts gestohlen.
(Alle Vier zu seinen Füßen)
Bella.⎫ Ach, Vater! habt Erbarmen
Lora. ⎭
Eduard.⎫ Habt Mitleid mit uns Armen.
Barz. ⎭
Kaleph. Wohlan! ich will mitleidig seyn,
Kommt! kehrt in unsre Hütte ein!
Bella.⎫ Hinein! hinein!
Lora. ⎭
Barz. Wir werden dort nicht sicher seyn.
Eduard. Die Wooge braußt —
Kaleph. Der Sturmwind saußt. —

Vierter Auftritt.

(Oberbramine, sieht sich furchtsam um, hernach Kaleph an einem Stock daher wankend.)

Oberbr. Vor zwölf Jahren, als ich noch nicht erkohren war zum obersten Priester unseres Gottes, stieg die Sonne so huldreich herfür, und verkündigte herrlich und hehr den festlichen Tag unserer heiligen Pflichten — aber heute — Grosser Brama! verbirgst du dich in dem majestätischen Gewande deines Glanzes — schleuderst Blize unter uns deine geheiligten Diener — und verzehrest das andächtige, feyerliche Opfer deines Volkes. —

Kaleph. (ohne den Braminen zu sehen.) Ja, ich will dem Europäer verzeihen, ihn speisen und tränken, und dann wieder zurücksenden in sein Vaterland, um seinen Brüdern zu erzählen, wie sich Indianer an ihren Feinden rächen.

Oberbr. Alter! schon mehr als siebenzigmal sahest du die frischbelaubten Bäume grünen, hauchtest die duftenden Wohlgerüche ihrer Blüthen ein — kannst du dich, wenn du deine durchlebten Tage zurückdenkest, eines solchen fürchterlichen, Verderben drohenden Ungewitters erinnern?

Kaleph. Noch nie — zwölfmal auserkohrner — zwölfmal frommer Diener des mehr als zwölfmal heiligen Brama! noch nie, als vor zwanzig Jahren — (Pause) O es war eine schreckenvolle Nacht! — Noch schreckenvoller war mir aber der Verlust, der mir aus diesem Gewitter entstand. —

Oberbr. Wie das — Alter? —

Kal. Herr! mein Weib gebahr mir einen Sohn — so schön und blühend, als wenn er in dem ersten Frühling der Schöpfung zum Leben erwachet wäre. —

Oberbr. In dieser fürchterlichen Nacht gebahr sie ihn? —

Kal. Sie gebahr ihn — und ich — hob ihn auf zum blitzenden Himmel, und weihte ihn ein zum heiligen Priester des Brama. —

Oberbr. Und dieser Sohn? —

Kal. In dieser fürchterlichen Nacht scheuterte ein englisches Schiff — die schäumende Woogen trieben ein kleines Boot an unsre Küste — da lag vor mir ein Europäer — halb todt — und flehte um Hülfe — ich nahm ihn auf meine Schultern, trug ihn in meine Hütte — trocknete und labte den Ermatteten, und beherbergte ihn drey Mondenlang. —

Oberbr. Das hättet ihr nicht thun sollen, ohne daß er sich zu den heiligen Lehrsäzen unseres Brama begeben hätte. —

Kal. Einsmals des Morgens, noch ehe die Sonne ihre goldene Strahlen in die See goß, gieng ich aus, um in der Bucht zu fischen — ich wollte meinen Kahn ablösen — und siehe, ich fand ihn nicht mehr — ich eilte in meine Hütte, suchte den Frembling — und er war entflohen, der europäische Barbar! entflohen mit dem kostbarsten, was mir die Gottheit schenken konnte — entflohen mit meinem Sohn! —

Oberbr. Das war verdiente Strafe von der Gottheit, weil ihr ihn in eure Hütte aufnahmet. —

Kal. Sollte das möglich seyn? Herr! o so bin ich heute zum zweytenmal strafwürdig, denn ich rettete wieder zween Fremblingen das Leben, und nahm sie in meine Hütte auf. —

Oberbr. Das thatet ihr heute schon? — unglückseliger Alter!

Kal. Und warum — Herr! Menschen retten, auch wenn sie unsere Feinde sind, lehret mich ein gewisses etwas, das die Natur in meinen Busen schrieb, ein gewisses etwas, das wohl älter seyn mag, als Bramas Gesetz — lehrt mich mein Herz.

(ab)

ein Singspiel in zwey Aufzügen.

Fünfter Auftritt.

Oberbramine, dazu Bella mit einem Körbchen und Fischangel aus der Hütte.

Bella. (geschäftig) Jetzt soll ich in die Bucht gehen und Fische holen — und doch möcht ich so gerne da bleiben, und mit dem hübschen Europäer reden. — Ich weiß gar nicht, wie mir so wunderbar ums Herz worden ist, da ich ihn zum erstenmal gesehen habe. — (Sie erblickt den Braminen) O weh! — jetzt muß ich eilends fort! —

Oberbr. (hält sie auf) Und wohin — wohin? süße Tochter des Wistnu! —

Bella. (eilfertig) Wohin — wohin? hinunter in die Bucht — Fische fangen — Nabbasittenblätter pflücken — und dann gehe ich zu Pirokko, bitte ihn recht schön um einige europäische Gartenfrüchte, um unsern beyden Fremdlingen eine kleine Ehre erweisen zu können. — Nun lebt wohl!, frommer Herr! ich seh euch bald wieder! — (will fort.)

Oberbr. Nur noch zwey Worte — schönes Kind!

Bella. Aber ja nicht mehr — denn — wenn ihr zwölfe redet, so komm ich schon wieder um einige Augenblicke später.

Oberbr. Du weißt, meine Tochter! welch ein feyerlicher Tag uns bevorsteht — Morgen feyern wir das zwölfjährige Sonnenfest, unsrem Brama geheiligt. —

Bella. (munter) Das weiß ich — hab mir auch schon ein recht hübsches Feyerkleid dazu gemacht — Korallen und Perlen und Muscheln hab ich die schönsten gesammelt. —

Oberbr. Noch ist dir das Glück — das unfaßliche Glück unbekannt, das deiner wartet. —

Bella. Was für ein Glück? frommer Herr!

Oberbr. (mit Ceremonie) Sey mir gegrüßt durch die heilige Zahl, allglückliche Sonnentochter! Sey mir im Namen der zwölf Sonnenzeichen zwölfmal

Bella. Ich verstehe euch noch nicht, frommer Herr!

Oberbr. So vernehme dein Glück in seiner vollen Grösse. — Du bist auserkohren zum heiligen Opfer unsers grossen Wistnu — bald wartet deiner der Opferaltar — bald rauchen dir zu Ehren Weihrauchtöpfe — schon sind für dich zubereitet die festlichen Kleider. —

Bella. (bey Seite) Ey, ey, ey! — diesmal kommt mir die hohe Ehre zur ungelegensten Zeit — (laut) Aber sagt mir, frommer Herr! warum hat denn gerade mich das Loos treffen müssen? — (ergreift seine Hand) denn ich muß euch nur gestehen, wenn ihr etwa glaubt, daß ihr mir eine Ehre dadurch erweiset, wenn ich sterben soll, so irret ihr euch gewaltig. —

Oberbr. Wie? und du siehest nicht ein bey so unnennbar grossen Werth deiner Bestimmung? Wisse, Mädchen! du bist zum Opfer erlesen. — Ich will diese Nachricht deinem Vater bringen — sie wird ihn heitern, seine grauen Haare färben, ihm den Verlust seines Sohnes vergessen machen — ihn durch den einzigen Trost schadlos halten, eine Tochter gezeugt zu haben, die — für Brama bestimmt, werth ist, durch das heilige Opfer zur Vergötterung zu gelangen. (in die Hütte ab.)

Bella. (allein, sieht ihm nach) Hilf Himmel — was hör ich? (ruft ihm nach) Wenn ich aber gerade nicht vergöttert seyn will — wie denn? (Pause) achtzehen Jahre erst gelebt, und schon sterben müssen! nein — das ist unmöglich — gestern — ja gestern wär ich vielleicht noch eher dazu zu bewegen gewest — aber heute — seit ich den jungen Engelländer gesehen — ha, ha, ha! ich weiß gar nicht, wie kurioß es mir da ums Herz ist — (Pause) wie — wenn etwa das wohl Liebe wäre? Ey, ey! sagt doch aber der fromme Bramine, daß man Niemand aus einem andern Welttheil lieben dürfte. — (Pause) Jetzt möcht ich wissen, warum? bitt um Verzeihung, frommer Herr! — ich denk,

denk, bey einem Mädchen von 18 Jahren wird der Unterschied wohl schlechte Wirkung thun! —
   Wie ist mir zu Muth,
   Mir kocht das Blut —
   Ich fühl etwas schlagen —
   Ich kann es nicht sagen —
   Da gehts — titiri — ti —
  Bald lach' ich ha — ha — ha —
  Bald wein' ich — hi — hi — hi —
  Ich weiß nicht, was es ist,
  Ob das wohl Liebe ist?
  Ja — ja — Nein — nein —
  Die Liebe muß es seyn —
Was der Bramin von Liebe spricht —
Nein, nein, nein, nein, das glaub ich nicht. (ab)

Sechster Auftritt.

(Pirokko in einen Mantel gehüllt.)

Jetzt da bin ich wieder an ihrer Hütte — am ganzen Leib kein trockener Faden — und wenn ich nach Haus komme, harte Worte von meiner Mika. — Geschieht mir aber recht — alle Tage nehm ich mir vor, nicht mehr hieher zu kommen — aber kaum will ich in meinem Garten — so heißt's — husch, fort — und daher. — Aber warum denn gerade daher? Kämest du auch so oft zu dieser Hütte, wenn der alte Kaleph keine so artige Töchterchen hätte? Es ist meiner Six nicht anders, als wenn jedes Sandkörnchen an dieser Hütte magnetisirt wäre. — (geht zur Hütte.)

  Mädchen! komm heraus,
  Schau! wie seh ich aus —
  Tropfennaß ist Haar und Hut
   Naß bis zu dem Fuß —
  Mädchen! wie ist mir zu Muth,
   Bring mir einen Kuß! —

Wie ein Pudelhund,
   Steh ich vor der Thür. —
Mein die Augen wund,
   Du kömmst nicht zu mir —
Mädchen! komm heraus,
   Schau wie seh ich aus.

Siebenter Auftritt.

(Pirokko, Barzalo öfnet den Hüttenbalken.)

Barz. Was hör ich für eine Stimme,
   Wer mag da wohl unten seyn?
Pirok. Noch nie hört'ich diese Stimme,
   Wer mag wohl da oben seyn? (ruft) Bella!
Barz. (mit weiblicher Stimme) Wer da!
Pirok. Zeig mir dein hübsch Gesicht —
Barz. Geh fort — du armer Wicht.
Pirok. Eine fremde Menschenstimme?
   Himmel! wer mag dieses seyn —
Barz. Was hör' ich für eine Stimme,
   Ein Verliebter muß es seyn.
Pirok. Bella! —
Barz. Wer ta!
Pirok. Kennst du deinen Gärtner nicht, Pirokko —
Barz. Nein, nein, nein, ich kenn dich nicht, Parokko
   — Du Narr.
Pirok. Ein Narr? wer — ich?
Barz. Geh packe dich von hier, sogleich von meiner Thür —
Pirok. Ich weiche nicht von hier — weich nicht von dieser Thür —
Barz. Du Bengel!
Pirok. Ich ein Bengel? und warum?
Barz. ⎱ Er hält mich für die Geliebte.
   ⎰ Welcher Spaß kann größer seyn.
Pirok. ⎰ Dieses Wort von der Geliebten,
   Welcher Schmerz kann größer seyn.
Barz. (wirft ihm seinen Hut auf den Kopf, verändert seine Stimme, und schlägt die Oefnung zu) Du Narr!

ein Singspiel in zwey Aufzügen. 17

Pirok. Ach ich beb' an Händ und Füßen,
Möchte dennoch gerne wissen,
Wer bey Bella könnte seyn.
Barz. (schleicht aus der Hütte. Pirokko erkennt den Hut)
Pirok. Ein Hut? von einem Spanier —
(bey Seite) Was hat das wohl zu sagen?
Bald hör ich auf zu klagen,
Wenn hier ein Landsmann wär — ?
Barz. (bey Seite) Bald werd ich's müssen wagen,
Ihm frey und frank zu sagen,
Daß hier ein Landsmann wär —
(geht zu ihm hin, mit spanischer Grandezza) Cavalleros!
Pirok. (eben so) Cavalleros! (Sie schauen einander an, fallen sich in die Arme, und geben sich die Hände)

Beyde. { Weich glückliches Geschicke!
Willkommen sey mir,
Ich preise das Glücke
von Herzen dafür, willkommen sey mir!

Pirok. Um Vergebung! bist du also der höfliche Landsmann gewest, der mich vorhin so schön gefoppt, und mit so hübschen spanischen Titulaturen beehrt hat. —
Barz. Meiner Six — Brüderchen! Berg und Thal, sagt man, kömmt nicht zusammen, aber die Menschen — ich hätte wahrlich auf dieser Insel eher einen Hottentotten, als einen Landsmann aufgesucht. —
Pirok. Aber sag mir doch, guter Freund, wie kömmst denn du auf diese Insel? —
Barz. Vor 18 Monaten lief von Dover eine englische Flotille aus, um einigen eurer indianischen Inseln einen kleinen Besuch abzustatten — Der Seesturm mochte wohl seinen Zahn auf unsern Steiermann geschärft haben — genug — wir mußten uns von unseren Kameraden trennen, die Wellen waren so barmherzig, uns hier ans Land zu setzen — und so kampiren wir seit diesen Morgen hier. —
Pirok. Du dienst also, wie ich merke, bey einem Engelländer — **Barz.**

Barz. Schon sechzehn Jahre—ein seelenguter Herr—der nur einen Fehler hat. —

Pirok. Und welchen? —

Barz. Er liegt am Liebesfieber krank — und wenn ihn denn so zu gewissen Zeiten der Paroxismus überfällt, so irrt ihn die Fliege an der Wand. — Freylich hat er auch Ursache dazu; — Vor sechs Monaten fiel unser Schiff in feindliche Hände. —

Pirok. In feindliche Hände?

Barz. Da kamen nun die verdammte Hottentotten, — Kerls, alle so schwarz, als wenn sie die Aufwärter in des Luzifers Garküche wären — nahmen meinem Herrn seine Geliebte weg — und wir hatten — aus Gnad und Barmherzigkeit nichts — als unser Leben und bischen Freyheit davon gebracht. —

Pirok. Ey, ey, ey! eine herzbrechende Geschichte!

Barz. Deßwegen wollen wir auch davon abbrechen — aber, sag du mir, Brüderchen! was hast du denn durch das Liedchen sagen wollen, das du vorhin da bey der Hütte — (singt) Mädchen! komm heraus — schau, wie seh ich aus ꝛc. ꝛc.

Pirok. (verlegen.) Da — das Liedchen sagst du? nichts — gar nichts — ein kleiner Scherz — sonst gar nichts. —

Barz. Spaß — brauchst dich ja nicht zu scheuen — wirst ja wohl dein jugendliches Feuer nicht in Spanien versetzt haben? —

Pirok. Das eben nicht — aber — in der Hütte da wohnen zwey allerliebste Mädchen — ich bin zwar in keine verliebt, das weiß der liebe Himmel, — aber ich weiß nicht — alle Tage führt mich der Plunder gerade hieher zu dieser Hütte. —

Barz. Nun — nun — das ist ja eben kein so grosses Verbrechen. —

Pirok. Ja — in Madrit wohl nicht — aber hier, meine Frau ist eifersüchtig wie ein spanischer Zollüberreutter. —

ein Singspiel in zwey Aufzügen. 19

Pirok. Mit einer Spanierin — Vor drey Jahren reißten wir mit einigen Botanickern in diese Gegend, um für den königl. Garten seltene, indianische Kräuter abzuholen — der Gouverneur ließ uns nicht mehr fort — ich heurathete, würde auch so ziemlich vergnügt leben — wenn —

Barz. Wenn du Augen und Herz nur ganz allein für dein Weibchen haben könntest — nicht wahr?

Pirok. Ich lieb mein Weibchen ganz allein,
Doch eifersüchtig — nein —
Das soll sie niemals seyn.
Zwar alle Tage einerley,
Macht Eckel und Verdruß,
Wir lieben gern das mancherley,
Und nehmen einen Kuß,
Den uns ein hübsches Mädchen giebt,
Auch wenn sie uns nicht immer liebt —
Doch — ja — Ich lieb mein Weibchen ganz allein,
Doch eifersüchtig — Nein —
Das soll sie niemals seyn. (will fort)

Achter Auftritt.

Barzalo, holt den Pirokko zurück.

Barz. Apropos — Landsmann! sag du mir, wer sind denn eigentlich die zwey hübsche Mädchen, die in dieser Hütte wohnen. —

Pirok. Fischermädchen sinds — die älteste davon soll morgen — ich möcht mich zu todt weinen, wenn ich nur daran denke — soll morgen vor Sonnenuntergang geopfert werden.

bin ich, daß ich kein Weibsbild bin — und habe
ihr also schon ein solches Mädchen? —

Pirok. Was noch das tolleste ist — ich höre, daß
sie sich noch um diese Ehre streiten sollen — sag du
mir, Brüderchen! — würde sich nicht bey uns jedes Frauenzimmer um einen Monat älter oder jünger machen, um diesem Specktakel zu entgehen. —

Barz. Wenigstens wünschte ich in meinem Leben
nie meinen Geburtstag auf diese Art zu feyern. —
Nein, das gienge ich nicht ein —
Es giebt auf dieser Erden,
Der Freuden ohne Zahl,
Bisweilen auch Beschwerden
Doch lebt man nur einmal —
Und kommen die Grillen,
Die weiß ich zu stillen.
Mit Liebe und Wein —
Nein — das gienge ich nicht ein.
Ich fühl des Lebens Freuden
Und trinke meinen Wein,
Und schließ mein Mädchen ein —
Denn ohne Mädchen, ohne Wein,
Möcht ich auf dieser Welt nicht seyn.
(Sie wollen fort.)

Pirok. Alle Teufel — wen seh ich — beym Ritter St. Jago! sie ists —

Barz. Und wer? wer? —

Pirok. Mein Weib — meine Mifa — komm einmal her — gieb mir deinen Hut und Mantel —

Barz. (giebt ihn) Aber wozu?

Pirok. Hier den meinigen — aber geschwind —
jetzt wollen wir uns verstecken. —

Barz. Und wohin?

Pirok. In diese Binsenkörbe — hurtig — hinein —
(Sie verstecken sich in die Körbe.)

ein Singspiel in zwey Aufzügen.

Neunter Auftritt.

Mika mit einer Gartenscheer in der Hand, Vorige.

Nirgends ist er zu finden — ich will wetten, daß er sich wieder hierhin an diese Hütte verlaufen hat. — Immer geht er den Mädchen nach — und was erst für Mädchen, sie sind nicht einmal unserer Nation, — aber ihm gilt alles gleich, wenns nur Mädchen sind, — aber erwisch ich ihn nur einmal, ich werd ihn mit meiner Gartenscheer nach Haus transportiren, daß er sich wundern soll. —

  Männer sind,
  Wie der Wind,
   Unbeständig alle —
  Heute hier — morgen dort —
  Fort ist Schwur und Treu und Wort —
  Die neue Liebschaft wird bedacht,
  Das Weib wird ausgelacht.

Pirok.⎫
Barz.⎭ Ey, ey, ey — Männer sind getreu —

Mika. Keiner —

Beyde. Alle.

Mika.⎫ Hier muß er irgend stecken
  ⎬ Ich muß ein bißchen sehen —
Barz.⎫ Sie wird uns wohl entdecken,
Pirok.⎭ Wie wird es uns ergehn —

Mika (ruft) Pirokko!

Barz. Parokko!

Mika. Ich höre seine Stimme
  Er ists bey meiner Treu —

Barz. Ich zittere —

Pirok. Halts Maul —

Mika. (geht dahin) Hier muß ich einmal sehen —

Barz.⎫
Pirok.⎭ O weh! wie wirds uns gehn —

Mika. (schleicht sich dahin) O träff ich ihn nur einmal an —
 Er sollte sehn, was ich nicht kann —
 Schnitt — schnitt — die Nase ab — die Ohren ab —

Barzallo zittert, ſchreyt, er kriecht heraus, hüllt ſich in Pirokkos Mantel) O weh!
Mika. Was ſeh' ich —
Mika. ⎫ Was iſt hier anzufangen, man ſeh' ihn nur an,
        den ehrvergeßnen Mann —
Barz. ⎬ Mich armen, armen Mann —
Pirok.⎭ Sie hält ihn für gefangen, hält ihn für ihren
        Mann, man ſehe ihn nur an.
Mika. Heraus! —
Barz. Nein, nein, ich bin— ⎫ (Pirok. lacht immer dazw.)
                            ⎭
Mika. Ich ſchneide dir die Naſe ab — Heraus!
Barz. Die Naſe — o weh —
Pirok. Sie ſchneidet ihm die Naſe ab. —
Barz. (entflieht) Auweh — ich bin — (Pirokko lacht)
Mika. Schnitt, ſchnitt — die Naſe muß herab. (Sie jagt ihm mit der Scheere davon ab.)

Zehenter Auftritt.

Pirokko allein.

Bey meiner Seele — Sie jagt ihn nach Haus — Alle Teufel! was hab ich gethan — das heißt ja den Bock zum Gärtner gemacht. — Pirokko! das war dumm! — Mein neuer Herr Landsmann könnt ſich da hübſch ordentlich in meine Hausfreundſchaft einſchmeicheln, und ich wäre vielleicht auf dieſer ganzen Inſel der einzige Ehemann, der ſich in die groſſe Zunft der europäiſchen Bruderſchaft einma-trikuliren lieſſe. — Hm, hm, — wie mir mein Herz ſchlägt — zuletzt glaub' ich wohl ſelber, daß ich meine Mika ganz allein liebe. —

  Weiber! wenn mit düſtrem Blick,
   Euch der Mann den Rücken kehrt —
  Euch in jedem Augenblick
   Schuldvoll reine Freude wehrt —
  Liebet andere — doch nur zum Schein —
Wenn ihr vom Manne geliebet wollt ſeyn. (ab)

Eilf=

Eilfter Auftritt.

Eduard allein.

Vaterliebe — Vaterschmerz
Wölket seine Mine —
Liebe quält mein krankes Herz
Foltert meine Sinne —
Ruh, und Friede ist dahin
Jede Freud auf Erden,
Ohne Lauren kann ich nie
Nie zufrieden werden —
Laura! Laura! — höre mich —
Laura! ach — wo find' ich dich.

Zwölfter Auftritt.

Bella mit Fischangel und Körbchen. Eduard.

Bella. Jetzt da bin ich schon wieder — ich hab' wollen fischen gehen — aber es ist mir unmöglich — ich wollte wetten, daß ich wirklich zu ungeschickt wäre, nur den Angel zu werfen. —

Eduard. Hier ist ja eines der guten Geschöpfe, dem ich mein Leben danken muß.

Bella. (sieht ihn, springt unschuldvoll zu ihm hin, und läßt Körbchen und Angel fallen) Bist du hier — du bildschöner Europäer du! ja, ja — jetzt weiß ich schon, warum ich nicht fischen gehen konnte. —

Eduard. Und warum? liebes Mädchen!

Bella. Ja, sieh — das weiß ich eigentlich selber nicht. (ergreift seine Hand) Aber — sag du mir doch — warum muß ich denn immer an dich denken — und warum möcht ich immer gern bey dir seyn? —

Eduard. (bey Seite) Die liebe Natur! (laut) Das weiß ich selber nicht. —

Bella. Horch einmal, wie mein Herz schlägt — es ist ganz erschrecklich, wie es mir schlägt — tickt — tackt — tickt — tackt — und ich glaube sicher, daß du die Ursache bist, — wie meynst du?

Eduard.

ein Singspiel in zwey Aufzügen.

immer ein Mädchen geschlachtet, und da sagte der Oberpriester, daß wohl mich das Glück treffen könnte. —

Eduard. Welch ein grausames Geſetz?

Bella. Ich könnte mich freylich auf eine andere Art retten, — aber seit ich dich geſehen, wäre es mir unmöglich. —

Eduard. Wie denn, gutes Mädchen? —

Bella. Wenn ein Bramine ein solches Mädchen zur Frau nimmt, so hört das Gesetz auf, und sie iſt frey. —

Eduard. (freudig) Und der Bramine liebt dich?

Bella. Freylich liebt er mich, aber ich will lieber sterben, als ihn wieder lieben. —

Bella. Jüngling! ich lieb' dich —
 Von reiner Seele —
 Und ewig werd' ich
 Bleiben dir treu.

Eduard. Mädchen! wie gerne
 Wollt' ich dich lieben —
 Aber ich bleibe
 Nur Lauren getreu.

Bella. Kränze von Blummen
 Will ich dir binden —
 Und deine Haare
 Mit Rosen umwinden.

Eduard. Mädchen! wie gerne, ꝛc.

Bella. (auf den Knien) Soll ich denn sterben
 (weinend) Ich lieb dich allein —

Eduard. (leise) Ha! ihre Thränen, die nehmen
 mich ein.

Beyde. Wir wollen uns lieben,
 Aus zärtlichen Trieben,
 Der Liebe uns weihn. (Beyde Arm in Arm ab)

Dreyzehnter Auftritt.

(Zimmer in des Gouverneurs Kaſtell.)

Zwey Schwarze bringen Polster, Laura indianisch, koſtbar gekleidet, hernach Mika.

ich nicht dem Ende meiner Qualen entgegen! — das edelste Geschenk der Vorsicht misse ich, Freyheit — misse meinen Eduard, misse meinen Vater, mein Vaterland! — bin unter Menschen andrer Grundsätze und Gesinnungen, — Sklavinn eines zwar großmüthigen, aber doch liebefodernden Tyrannen! —

Mika. (mit einem Körbchen, worinn verschiedene Gartenfrüchte und Melonen sind) Hier, Miß! bring ich euch euer gewöhnliches Frühstück, — aber, wie ich sehe, seyd ihr schon wieder melancholisch und verdrüßlich. —

Laura. O einzige Freundinn auf dieser Insel! mir ist keine Freude mehr auf dieser Welt beschieden, seitdem mich der grausame Sturm von meinem Vater, von meinem Geliebten entfernte. —

Mika. Aber was nützt euch das alles — der Gouverneur — in seiner Art freylich eine besondere Schönheit liebt euch — ihr seyd in seiner Gewalt — Erlaubt mir, Miß! ein Mann, auch wenn er noch so häßlich ist, ist doch immer ein Mann, und an einem Orte, wo die Männer so rar sind, besser als gar keiner. —

Laura. Und du kannst noch scherzen in der traurigen Lage, worinn ich mich befinde! —

Mika. Potz tausend! fast hätt' ich vergessen — heute Morgen, Miß! als das Gewitter tobte, scheuterte ein Schiff, und der Sturm trieb zwey Europäer an unser Ufer. —

Laura. Zwey Europäer? —

Mika. Der eine ist ein Spanier und dient bey einem Engelländer. —

Laura. Bey einem Engelländer, sagst du? —

Mika. Ein ganz artiges Pürschchen, er nennt sich Barzalo —

ein Singspiel in zwey Aufzügen.

Laura. Geh — liebe Mika! hol mir ihn — er weiß vielleicht, ob mein Eduard, ob mein Vater noch lebt — hol mir ihn —

Mika. Wem soll ich holen?

Laura. Barzalo — den Diener meines Eduards — Gott! wie glücklich bin ich noch —

Mika. Ja — das will ich — aber ihr müßt mir auch versprechen, eurer melancholischen Laune zu entsagen. — Entschließt euch, dem Gouverneur eine freundliche Mine zu zeigen, so könnt' ihr frey auf der Insel umher gehen, und desto leichter Gelegenheit finden, zu entfliehen. — Hübsch munter und fröhlich wie ich — man schüttelt alle Drangsalen des Lebens von sich ab, und dünkt sich unter allen Mühseligkeiten eine Königinn zu seyn.

  Schwermuth und Grillen,
   Will ich vermeiden —
  Können nicht stillen.
   Liebe und Lust.
  Ich suche Freuden,
   Hasse die Sorgen —
  Fühle die Liebe
   In meiner Brust.

  Gram und Verzweiflung,
   Fliehe meine Seele —
  Ich wandle fröhlich,
   Ueber die Flur —
  Hör mit Entzücken
   Menschen mir rufen —
  Liebet — ach liebet,
   Folgt der Natur. (ab)

Vierzehnter Auftritt.

Laura allein.

Wellen der Meeresfluth, — vielleicht, ha — ich
zittre! hat ihn die Vorsicht erhalten, um mir die
Trauer=Nachricht seines Todes zu überbringen —
(Pause) Aber wenn er noch lebte — wenn mein Va=
ter noch lebte, — wenn ich wieder in ihren Armen,
in den Armen meines Vaters. — Guter Gott! der
Gedanke ist zu entzückend, als daß ich ihn auszu=
denken vermag! —
  Goldne Freyheit — Himmelstochter!
   Du der Menschheit erstes Glück,
   Kehr in meine Brust zurück,
  Wie ein Born verlechzt in Dürre
  Wankt mein Fuß hin matt und irre —
   Sklaverey und Sklavensinn —
   Jagt mir jede Freud dahin —
  Goldne Freyheit. Himmelstochter!
   Du der Menschheit erstes Glück,
   Kehr in meine Brust zurück. (will ab.)

Fünfzehnter Auftritt.

So wie sie die Vorhänge öfnen will, kömmt der Gou=
verneur, mit ihm die Braminen, Hofstaat und Sklaven.

     Chor.
 Noch furchtbaren Gewittern,
 Die uns drohen zu zersplittern,
  Zeigt Brama sich im Sonnenlicht —
   Heil und Seegen
   Fließ auf Bramas Söhne —
   Fließ auf uns herab.

Gouv. Zwölfmal schöne, zwölfmal theure und
zwölfmal glückliche Tochter des mehr als zwölfmal
grossen und ewigen Wistnu!

Laura (bey Seite) Ha! daß ich mich nur dies=
mal entfernen könnte — (laut, eben so) Tausent=
mal grosser, tausendmal schöner, tausendmal vor=
treflicher Sohn des mehr als tausendmal grossen
und ewigen Wistnu! (bey Seite) Ich muß mich nur
verstellen, damit ich eher Gelegenheit erhalte, Bar=

ein Singspiel in zwey Aufzügen.

Gouv. Wie zwölfmal glückliche Schöne! das erstemal, daß ich den Gruß des heiligen Brama von deinen Lippen tönen höre. —

Laura. Und auch auf immer sollst du ihn hören, wenn du mir meine Bitte gewährst! —

Gouv. Verlaßt mich alle — und ihr Braminen! machet Anstalt zu dem heiligen Fest — verkündiget der Glücklichen das Loos ihrer erhabnen Bestimmung, und erflehet Heil und Segen über Bramas Kinder! —

(ein Theil des obigen Chors wird wiederholt)
(nach diesem alle ab.)

Sechzehnter Auftritt.

Gouverneur, Laura.

Gouv. Du scheinst mir unruhig zu seyn, — finstere Schwermuth wölket deine Stirne — — Du verlangtest vorhin eine Bitte von mir — Rede, liebliche Tochter der Sonne!

Laura. Herr! ich vermisse etwas, das ich so ungern vermisse — Freyheit — gieb mir diese köstliche Gottesgabe wieder, und Brama wird dich dafür seegnen.

Gouv. Mädchen du verkennst das Glück, das deiner wartet, — deine Nation wird dich beneiden, wird dich glücklich schätzen — wird deinen Nachkömmlingen noch in ihren Jahrbüchern die Geschichte erzählen, daß eine Europäerinn von einem indianischen Fürsten geliebt wurde. —

Ach, Mädchen! nur dich kann ich wählen,
Könnt' ich dein kaltes Herz beseelen
   Das fest in deinem Busen schlägt —
Ich seh' die Reize deiner Jugend,
Ich ehr die Armuth deiner Tugend —
   Ach möchtest du für mich allein,
   Für mich allein erschaffen seyn! —

Laura. (zu seinen Füßen) Erhabenster Fürst! —

doch ist nichts vermögend, dir deine düstre Laune in Freude umzuwandeln. —

Laura. Herr! — — Freyheit! Freyheit! und mein Gesicht wird sich erheitern wie im schönsten Frühlingstage. —

Gouv. Wohlan! ich gebe dir Freyheit — (ruft) (zwey Sklaven kommen) Man rufe sogleich die erste meiner Sklavinnen herbey! — (Sklaven ab) Sie seyen deine Gesellschafterinnin. — Sie sollen dich unterhalten mit ihrem Gesang, mit ihren Spiel — Du sollst geniessen die Rechte der Freyheit; aber entschliesse dich auch, meine heisse Liebe zu dir mit Gegenliebe zu krönen. (Sie setzen sich beyde auf die Polster.)

Siebenzehnter Auftritt.

(Es kommen einige Sklaven und Sklavinnen. Kinder mit Früchten und Blumen. Die Uebrigen zu ihren Füssen.)

Finale.

Welche Freude, welch Entzücken,
Sieht aus ihren holden Blicken —
Seegen dir, Gebieterinn!
So wie diese Blumen blühen
Soll auch unser Herze glühen —
Nur für dich, für dich allein,
Soll es ganz ergeben seyn.

Achtzehnter Auftritt.

Erster, Zweiter des Hofstaats.

Erster. Herr!
Zweiter. Herr!
Gouv. Was ist geschehen?
Alle. Wir sind verloren!

ein Singspiel in zwey Aufzügen.

Erster. Ein Donnerähnlichs Knallen,
 Hört man von ferne schallen
  Ein feindlich Schiff kömmt an. —
Alle. Was fangen wir nun an? —
 {Mir / Euch} beben alle Glieder, Verzagheit schlagt {mich / euch} nieder,
 O weh! wir sind verloren —
Erster. Ein europäisch Schiff — ?
Alle. Mein Herz schlägt gleich einem Hammer,
  welch unglücksel'ger Tag!
   Rezitat.
Gouv. Auf! meine Getreuen! holt eure Pfeile, bewafnet euch zum Angriff — rufet die Braminen herbey, daß sie ihr frommes Gebet vereinigen mit dem Gebet meines Volkes, damit Seegen von Brama herabströme auf die siegreichen Waffen unsers angebeteten Wistnu!
   Chor von allen.
 Wenn Berge uns zu decken drohn,
 So sprechen wir den Bergen Hohn —
  Die Donner mögen brausen,
  Die Winde mögen sausen —
   Nichts schwächet unsern Muth! —

Neunzehnter Auftritt.

Oberpriester mit den andern Priestern.
Oberp. Zu den Waffen! —
Alle. Zu den Waffen! —
Oberp. Brama ist Gott! auf kämpft mit Muth und Zuversicht! —
Alle. Brama verläßt uns nicht.

Zwanzigster Auftritt.

Pirotto Mila zu seinen Füßen.

Gouv. Was werden die wohl sagen'!
Pirok.⎱
Mika.⎰ Ach dürften wir es wagen!
Mika. Zwölfmal Gnädigster!
Pirok. Hundertmal Vortreflichster!
Gouv. Was verlangt ihr? — Steht auf!
Mika.⎱ Deine Gnade! —
Pirok.⎰ Ach wir hätten eine Bitte,
  Nehme sie doch gnädig an —
Gouv. Und ihr kennet meine Güte,
  Wenn ich sie gewähren kann.
Mika. Europäer —
Alle. Unsre Feinde!
Mika. Engelländer —
Pirok. Eure Freunde!
Laura. Engelländer! was hör ich —
Laura.⎱ stürzen ⎱Siehe mich zu deinen Füssen,
Mika. ⎬ vor ⎬
Pirok.⎰ ihnhin ⎰Dich um eine Gnade flehn —
Gouv. Ach ich beb' an Händ und Füssen,
Alle. Freunde! kommt! wir wollen gehn —
Alle⎱
drey.⎰ Sie zu retten, laßt uns eilen —
Gouv. Nein! du sollest hier verweilen —
Laura.⎱ Vielleicht könnte mein Geliebter
Pirok. ⎬   ihr
Mika. ⎰ Unter diesen Britten seyn. —
Gouv. Auf meine Lieben! greift zu den Waffen.
Alle. Wir sind zum Streiten bereit! (die Uibrigen ab)

Ein und zwanzigster Auftritt.

In der Ferne englischer Marsch. —

Laura. Und du willst dich nicht bequemen,
  Deine Rache zu bezähmen —
Gouv. Nein! ich kann mich nicht bequemen,
  Deinen Vorschlag anzunehmen. —

ein Singspiel in zwey Aufzügen.

Alle. Wirst du deine Rache zähmen,
 So wird sie die Deine seyn.
Laura. (zu seinen Füßen) Vergib — Gib Gnade —
 Morde nicht —
 Dies ist ja Menschenpflicht.
Gouv. (beis.) Sie hält mich bald gefangen
 Im ewigen Liebesband — (Pause) (laut)
 Wohlan! — Sie landen an!
Alle. Welche Großmuth! welche Güte —
 Sie nur ehren wir allein!
Gouv. Meine Großmuth, meine Güte,
 Nehmen ihre Herzen ein. (alle ab)

Zwey und zwanzigster Auftritt.

(Offene See) Eduard und Barzalo.

Eduard. Laß mich! —
Barz. Nein Herr! ich laß sie nicht.
Eduard. Was willst du denn? was ist geschehn? —
Barz. Ich habe Lauren hier gesehn.
Eduard. Wie Laura wäre hier? —
Barz. Ja — Laura!
Eduard. Nun so red' —
Barz. Der Gouverneur liebt sie —
 Sie müssen sich entdecken.
Eduard. } Ich beb' vor Grimm und Schrecken,
Beyde. } Was ist nun hier zu thun —
In meiner Seel ist's trübe. Mir } ängstet Furcht u. Liebe.
 seiner Ihm
 Verwegenheit ist Pflicht.

Drey und zwanzigster Auftritt.

Kaleph, Bella, Lora, Vorige. Man hört schiessen.

Bella. } Geschwinde — kommt eilt euch zu retten! —
Lora. }
Kaleph. Europäer — deine Brüder —
Eduard. Was hör ich?

Eduard. Schieß die Pistole los!
Barz. Ich die Pistole?
Kaleph,
Bella. } Fort, fort! und gehet dort hinein —
Lora.
Barz. Nein — nein! das lasse ich wohl seyn! —

Vier und zwanzigster Auftritt.

Viele Indianer bewaffnet; — Man hört noch in der Ferne den indischen Chor. Sie wollen Eduard und Barzalo mit Pfeilen todtschießen.
Kaleph. (tritt vor sie hin) Halt ein! er ist mein Freund!—
Erster. Dein Freund?
Alle. Er soll sterben!
Barzalo.   } Ich hab
die Mädchen. } Er hat euch ja nichts leids gethan.—
Alle. Er soll sterben!

Fünf und zwanzigster Auftritt.

(Alle Braminen, Vorige.)
Alle. Herbey, herbey — zum Streit bereit,
Brama ist Gott von Ewigkeit,
Brama ist unser Gott!
(Man hört die englische Harmonie immer näher. — Das Schiff kommt an. — Vorn auf dem Verdeck Seekapitain Jansen, mehrere englische Offiziere.—Matrosen—Schiffsoldaten:
Eduard. Himmel! was seh ich — mein Vater!
Jansen. Sohn! Eduard!
(Sie stürzen alle an das Land, Jansen umarmt seinen Sohn. — Bey den übrigen ein kurzes Gefecht! —

Sechs und zwanzigster Auftritt.

(Pirokko, Mika, Vorige.)
Pirok.
Mika. } Halt! Zurück — der Gouverneur! (Eben so. Die Engelländer ziehen ihre Schwerter, entblößen ihre Häup-

ein Singspiel in zwey Aufzügen

ter. — Die Indianer fallen zur Erde. Der Gouverneur von sechs Schwarzen auf einem indianischen Tragseſſel getragen, umgeben von seiner Leibwache.)

Alle. { Durch rollende Donner
Durch schlängelnde Blitze
Von Stürmen getragen, eilt Medan herbey.—
(Dieser Chor wird von den Engelländern wiederholt.)
Gouv. Wer seyd ihr?
Jans. Eure Brüder — Eure Freunde!
Eduard. Als Freunde kommen wir hieher.
Gouv. So sollt ihr auch als Freunde,
hier aufgenommen seyn!
Ihr seyd frey! — (Freudengeschrey von allen.)
Alle. Glück und Heil dem weisen Fürsten,
Glück und Heil dem Menschenfreund!

Sieben und zwanzigster und letzter Auftritt.

(Laura mit den übrigen Mädchen, bringt sich durch das Volk. Sie erblickt ihren Vater und Eduard, fällt ersterem in die Arme.)
Laura. Vater!
Jans. Tochter!
Eduard. Laura! (Wehselweise Umarmung)
Laura. Eduard!
Gouv. Was seh ich?
Jans. Meine Tochter!
Alle. Seine Tochter?
Gouv. Zwölfmal gesegneter, und zwölfmal glücklicher! (umarmt und küßt ihn auf die Stirne.)
Besteige diesen Platz —
Und kehre bey mir ein,
Dort soll für dich das Kostbarste bereitet seyn,—
Jans. Welche Gnade!
Eduard. Wir müssen uns verstellen —
Alle. Ja, ja — wir folgen gern.
(Das Gefolge hebt Jansen auf den Tragsessel, er hält das Haupt entblößt, sein Schwert in der Hand.

Eduard neben ihm, — Barzalo, die Braminen, Hofstaat und Volk.)

Einzugs-Chor.

Alle. Triumpf! Triumpf! Natur und Pflicht
Und Liebe hat gesiegt —
Triumpf! Triumpf! wir morden nicht —
Natur und Liebe siegt.

Ende des ersten Aufzugs.

Zweyter Aufzug.
Erster Auftritt.

(Szene wie im ersten Akt. Hütte. Felsen. — Nacht. —)
(Oberbramine, Braminen, Oberpriesterinn, Priesterinnen, welche das heilige Feuer tragen, sie haben Girlanden, um Kalephs Hütte zu bekränzen. Die Braminen mit brennenden Fackeln.

Feyerlicher Chor.
In Wonnengefühle
Erhebt sich der Busen —
Beym heiligen Feuer, dem Brama geweiht!

Oberpriesterinn.
Schon hellet sich der Morgenstern,
Nicht mehr ist uns das Glücke fern —
Auf Eingeweihte des Brama!
Vollziehet eure Pflicht,
Erfüllt, was das Orackel spricht.

Oberbramine (öfnet mit Ceremonie eine Rolle Schilfpapier, liest.)
„Bella soll sterben!

Alle. (indem sie die Hütte bekränzen)
Auf, laßt uns die Hütte mit Blumen umwinden—
Auf, laßt uns ihr Kränze von Rosen umbinden—
Seegen der Allglücklichen!

Zweyter Auftritt.

Vorige, Kaleph aus der Hütte.

Kaleph. Was hör ich — Noch ist alles stille — noch färbet nicht das goldene Morgenroth die Wipfeln der Bäume, und schon hallen die heiligen Dankopferlieder zur Ehre unserer Gottheit. —

Oberpriesterinn (tritt vor mit Ceremonie, giebt Kaleph einen Kuß auf die Stirne.) Friede mit dir — glücklicher Greiß! Sey mir geseegnet durch die heilige Zahl im Namen der zwölf Sonnenzeichen! —

Oberbr. Und ich grüsse dich zwölfmal im Namen der Mondesläufe! Alter! Heil über dich — Heil über deine Hütte! — denn durch deine Tochter ist dir verliehen Seegen und Glück bis in das tausendste Glied. —

Kaleph. Verzeiht mir, frommer Priester! aber noch kenne ich nicht das Glück, das meiner wartet.

Oberpriesterinn. Rufe Bella, deine älteste Tochter.

Kaleph. Meine Kinder fuhren schon vor Tagesanbruch in die Bucht, um zu fischen. —

Oberbr. Bella ist auserlesen vor so vielen tausenden zum heiligen Opfer, auserlesen, bald in Bramas Wohnsitz zu leuchten in ewiger Glorie.

Kaleph. Heil mir und ihr! — aber verzeiht mir, Erkohrne des Wistnu! verzeiht einem alten Mann diese Thräne — Mein einziger Sohn ist dahin, und jetzt auch meine Tochter? — (Pause) und von diesen drey Sprößlingen nur einen noch — (mit erhobenem Blick, er beginnt zu sinken; sie bringen ihn in die Hütte.) Ewiger! dein Wille geschehe! —

(alle in die Hütte ab.)

Dritter Auftritt.

(Es wird immer heller.) Man sieht Bella und Lora in einem kleinen Fischerkahn daherfahren, — Sie steigen auf

Bella. Wir wollen uns hier verweilen, — vielleicht, daß wir doch noch so glücklich sind, etwas zu fangen. —

Lora. Ja, ja — der gute Vater! wenn er die Ursache wüßte, warum wir nichts gefangen haben. — (Sie werfen die Angel)

Bella. Und wer meynst du, daß daran Schuld ist? — wer anders, als der hübsche Engelländer. —

Lora. Laß dir einmal erzählen, wie es mir gestern mit dem europäischen Gärtner gieng.
   Ein Mädchen von gar feiner Zucht
    Die wollte fischen geh'n —
   Hinunter in die nahe Bucht,
   Doch hör — was ist gescheh'n —

Bella. Und was?

Lora. Es kam ein junger Mann zu ihr,
   Komm, liebes Mädchen! komm mit mir —

Bella. Ey — ey — wohin? (Sie ziehen den Angel)

Beyde. Fischchen! ziehet an — Hier ein herrlich Morgenbrod,
   Fischchen! ziehet an!

Lora. Er nahm die Hand, und drückte sie
   Und hat sein Wesen viel,
   Je mehr sie bat — je mehr sie schrie —
   Trieb er mit ihr sein Spiel.

Bella. Nun weiter —

Lora. Doch endlich, welche Angst und Noth!
   Sie wurde — ach! bald blaß, bald roth —

Bella. Ey, ey! warum? (Sie ziehen den Angel)

Beyde. Fischchen! ziehet an. :c. :c. (Sie ziehen am Angel einen Fisch heraus, steigen voll Freude vom Felsen herab.)

Vierter Auftritt.

Vorige, dazu Barzalo

Barz. (eilend) Nun jetzt stehen wir auf guten Füßen — das beste wird wohl seyn, wir machen

ein Singspiel in zwey Aufzügen.

wohl kein Wort davon wissen wollen, daß Laura meines Herrn Geliebte ist — und keiner wirds dem andern abtreten, zuletzt wirds vonnöthen seyn, daß wir das Mädchen von einander schneiden, und einem jeden davon eine Portion zukommen lassen. (Beyde Mädchen haben sich heimlich hinter ihm geschlichen)

Bella. Willkomm —
Laura. Willkomm — } (zugleich)

Barz. (erschrickt anfangs) Tausend Sapperment, bald hättet ihr mich erschreckt — und bey so artigen, lieben Püppchen ist eben sonst nicht meine Gewohnheit, zu erschrecken. — Aber zum Henker! was habt ihr den hier?

Bella. Einen Fisch —

Barz. Ja — das seh ich, daß es kein spanischer Stier ist. —

Laura. Den haben wir so eben gefangen.

Barz. Den Fisch —? der ist ja beynahe so groß, wie ihr selber — ihr seyd ja gar ein paar liebliche kleine Geschöpfchen; — Sagt mir doch: dürft ich mir nicht ein Stückelchen von eurem Fisch ausbitten, er muß ja herrlich schmecken. —

Laura. O ja, warum nicht — wart nur — ich will ihn an der Sonne dörren — und mit Oehl und Kürbißblättern überlegen — und dann sollst du das beste Mittelstück davon erhalten. (springt ab.)

Barz. (bey Seite) Die Mädchen verstehen mich nicht — ich hätte gern etwas anders, etwa ein Küßchen in Ehren. — (laut) Apropos! Kinderchen! habt ihr meinen Kameraden nicht gesehen? Wo ist denn die Kleine hingekommen?

Bella. Fort ist sie, aber eben recht — auf beinen Kameraden bin ich wohl recht böse, — es hat mich auch recht geschmerzt, daß er den Unterstand nicht bey mir genommen hat. —

Barz. Und warum? —

Bella. Warum? weil ich ihn eben gerne bey mir habteg hätte — o ich bin ihm so gut, — und sollteſt du das wohl glauben, ich habe heute Nacht wohl über hundertmal an ihn denken müſſen. —

Barz. Ueber hundertmal, ey, ey, — das iſt viel — du biſt alſo meinen Kameraden ſo gut, ſagſt du? —

Bella. Ja, und er iſt mir auch gut — hör einmal. —

 Ein Jüngling liebt mich ſchlank und ſchön,
  Voll heiſſer Liebesgluth —
 Ich geb' ihn Lieb für Liebe hin
  Sein Herz iſt rein und gut —
 Er iſt ſo munter friſch und froh
  Der Schönſte auf der Welt
 Hat goldne Locken, keiner ſo
  Der mir, wie er gefällt. —
 Ein Jüngling ꝛc. ꝛc.   (ab)

Barz. (ihr nachſehend) Daß doch das Verliebtſeyn unter jedem Himmelsſtrich in der Mode ſeyn muß. — Goldne Locken ſagt Sie? iſt denn mein Haar auf der Inſel golden worden? der Schönſte auf der Welt? Nun, das könnte freilich möglich ſeyn — Aber wie? wenn das Alles meinen Herrn angienge? Meinethalben! was bekümmre ich mich darum — Ich liebe die Weiber, das iſt wahr, aber mein Gehirn ſollen Sie mir nicht zerrütten — Kommt her, ihr treuen Geſellſchafter meiner mißlauniſchen Stunden — habt mir doch ſchon manche Grille von der Stirne weggejagt. (Zieht ſpaniſche Klappern aus der Taſche, und ſingt.)

 Weg mit den Grillen, dieſe ſind
  Nur für Verliebte Herrn —
 Die Sorgen jag' ich in den Wind
  Die laß ich andern gern.
 Das Seufzen laße ich wohl ſeyn —
  Es machet dickes Blut,
 Bey Freiheit und bey gutem Wein
  Da hat man frohen Muth.
         (ab)

ein Singspiel in zwey Aufzügen. 41

Fünfter Auftritt.
Eduard, Jansen, Kaleph.

Janſ. (in höchſter Beklemmung, Kaleph an dem Arm) Ihr verloret alſo euren einzigen Sohn vor 20 Jahren?

Kal. Ich verlor ihn, und Herr! mit ihm jede Freude meines Lebens!

Janſ. Waret ihr denn dazumal ſchon auf dieſer Inſel, alter Mann?

Kal. O nein! einige Seemeilen von hier ward er gebohren — ich konnte mich aber nicht mehr länger an dem Ort aufhalten, wo mir mein Sohn geraubt wurde, — ich floh mit meiner kleinen Familie hieher. —

Janſ. (bey Seite) Er iſts — bey dem allmächtigen Gott! er iſts — (laut) Alſo der Europäer belohnte euer Mitleid, eure Gaſtfreundſchaft mit dem ſchwärzeſten Undank?

Eduard. Lord! bald ſchäme ich mich, ein Europäer zu ſeyn. —

Kal. Sein Gott ſoll ihm vergeben, ſo wie ich ihm vergebe. —

Janſ. Du vergibſt ihm, ſagſt du? — du vergiebſt ihm? — nun ſo lege deine Hand auf mein Herz — faſſe mich feſt in das Aug — erkennſt du nichts auf meiner Stirne, das den Stempel dieſer unmenſchlichen Handlung trägt — Alter! Alter! der Barbar, der dir deinen Sohn ſtahl, der Barbar, der dich 20 Jahre des ſüſſen Vaternamens beraubte — der Barbar — war ich. —

Kal. Was hör ich —

Eduard. Lord! das thatet ihr?

Janſ. Vergib mir, Alter! es ſind noch Freuden für dich auf dieſer Welt aufbehalten. — Führ mich in deine Hütte, das Glück, das deiner wartet, in ſeiner vollen Gröſſe zu faſſen, vermögen deine Sinne nicht. — (Man hört in der Hütte die Braminen. Bella stürzt heraus, sinkt ihrem Vater in die Arme, hinter ihr Priesterinnen und Priester)

Sechster Auftritt.

(Oberpriesterinn bekränzt ihre Haare, wirft einen Schleier über sie —)

Oberp. Mit diesem Schleier,
Entreiß dich auf ewig
Dem menschlichen Auge —
Dein ist die Ehre, dein ist der Ruhm,
Du bist nun Bramas Eigenthum.
(Sie wird in die Hütte geführt.)

Chor.

Seegen der Allglücklichen, denn sie ist erkohren,
Und zum Heil gebohren, Brama eingeweiht. (alle ab)

Siebenter Auftritt.

Jansen, Eduard.

(Pause — beyde mit umwundenen Armen, in Gedanken versunken.)

Eduard. Aber Lord! Seyd ihr ein Engelländer?

Jans. Ja, schon vor 20 Jahren war ichs — aber, bey Gott! heute will ich dir aufs neue beweisen, daß ich es noch bin, — Eduard! Du weißt, ich nahm dich an Kindesstatt an — du bist mit meiner Tochter verlobt, — wir müssen uns entweder durch Güte und List, oder durch Gewalt zu Herren dieser Insulaner machen. Laß uns das Mädchen retten! —

Eduard. Lord! dieser Vorschlag versöhnt euch wieder mit mir. —

Jans. Wenn der Oberbramine ein solches Mädchen zu heurathen verspricht, so ist sie gerettet. —

Eduard. Wenn sie ihn aber nicht liebt? —

Jans. So wollen wir List zu Hülfe nehmen,

ein Singspiel in zwey Aufzügen.

Folg mir, Eduard! das Mädchen vom Tode zu
retten, sey unsre Sache. (ab.)
Eduard. (allein) Und du solltest allein unglücklich
seyn, gutes Mädchen! Nein! — ob ich dich gleich
nicht lieben kann, so will ich doch alles anwenden,
um dich zu retten.
 Liebe, o Liebe! wie mächtig bist du?
  Wie pochen die Herzen der Menschen dir zu —
  Wie lächelst du so himmlisch süß,
   Gleich Engeln in dem Paradies —
  Wie machst du die Menschen so lämmermild,
  So grausam andre, und so wild —
   Liebe — O Liebe! wie mächtig bist du,
  Wie pochen die Herzen der Menschen dir zu. (ab)

Achter Auftritt.

(Palmenhain. Auf einer Seite desselben eine niedliche
Rasenbank, Laura kömmt.)

Ich suche Ruhe, und finde sie nicht — Eduard!
Eduard! du mir so nahe, und noch ist mir nicht vergönnt; dich als meinen Geliebten zu umarmen. —
Wie schön, wie herrlich alles um mich her ist, und
doch ist es so trüb in meiner Seele. — Ich will mich
einmal hieher setzen auf diese Rasenbank, und —
Himmel! was seh' ich,
    (sie will sich setzen.)

Neunter Auftritt.

(Chor von Kindern mit Rosengirlanden.

 Erstlinge der Flur!
 Blümchen der Natur!
  Schmücket unsre Königinn —
 Rosen und Violen,
  Wollen wir dort holen
  Unsrer Blumenköniginn.
Laura. Dank euch, gute Geschöpfe! für eure
Liebe — aber — Wen seh ich? — Himmel! es is

Zehnter Auftritt.

(Laura, Mika und Eduard.)

Eduard. Laura! Nur auf einige Augenblicke in deine Arme. —

Laura. Wie kömmst du hieher in diesen Garten? Eduard!

Eduard. Durch deine Freundinn hier. — Laß uns die kostbare Zeit nicht mit leeren Worten vertäubeln. — Hör mich an, — um den Gouverneur dahin zu bewegen, daß er mir eine freye Zusammenkunft mit dir gestattet, mußt du dich für meine Schwester ausgeben. —

Laura. Für deine Schwester? —

Mika. Ja, ja — kurz und gut, für seine Schwester — und dann in etlichen Tagen machen wir Anstalt zur Flucht — und dann — frisch — fort in unser Vaterland, nach Europa — dann heißts; —

Lasset uns zu Schiffe gehn,
Seht, die blanke Flaggen wehn.
Spannt die Seegel an —
Husch, husch, fort nach Spanien,
Husch, fort — nach Brittannien —
Dort weiß man nichts von Sklaverey,
Dort liebt man sich ganz frank und frey —
Dort giebt es keine Wilden mehr —
Adieu, schöne Insel! adieu Herr Gouverneur!
(ab)

Eduard. O! daß diese glückliche Stunde schon da wäre, wo ich verbunden mit meiner Laura der Liebe Freuden in meinem Vaterland geniessen könnte! —

Laura. Ich ahnde es, Eduard! wir werden glücklich.

ein Singspiel in zwey Aufzügen.

Beyde. Dann sollen wie die Quell so rein,
  Im Frühling unsre Tage seyn —
Eduard. Wirst du mich nie vergessen, die du
  mein Alles bist —
Laura. Wie könnt ich mich ermessen, zu quä=
  len dich mit Trug und List.
Eduard. Ich lebe nur für dich, und werde
  niemals wanken —
Laura. Du lebst ja nur für mich, welch seliger
  Gedanken!

Eilfter Auftritt.

(Laura, Eduard, Mika.)

Mika. (schnell) Hilf Himmel! der Gouverneur!
Entfernen sie sich. —
Eduard. Mädchen! leb wohl! wir sehen uns bald
wieder. (schnell mit Mika ab. Laura setzt sich auf die
Rasenbank)

(Die Kinder wiederholen die Hälfte des Chors.)

Zwölfter Auftritt.

(Vorige der Gouverneur winkt, sie gehen ab.)

Gouv. Immer noch Schwermuth auf deinem Ge=
sicht, schöne Europäerinn! und doch suche ich alle
Gelegenheit, dir diesen Ort angenehm zu machen,
und dich von meiner heftigen Zuneigung zu ver=
sichern. —
Laura. Herr! ohne Gränzen ist eure Gnade für
mich! — Ihr nahmet meinen Vater so gastfreund=
lich auf in euer Kastell, ich würde höchst un=
dankbar seyn, wenn ich eure Gnade mißbrauchen
wollte. — Lasset nur eine Bitte bey euch statt finden.
Gouv. Rede — schöne Laura! —
Laura. Unter den europäischen Fremdlingen be=
findet sich mein Bruder, — o so ward noch kein
Bruder geliebt wie er, — gestattet ihm freyen Zu=

Gouv. Wie nennt er sich, dein Bruder?
Laura. Eduard!
Gouv. Schönste Laura! du sollst ihn sehn,
Ihn, den deine Seele liebt —
Dem Geliebten du entgegen gehn
Der dir Freud und Wonne gibt —
Nehme diese Gnade als ein Zeichen
Meiner Liebe, die mein Herz dir spricht —
Diese Blumen finden ihres gleichen,
Aber meine Liebe nicht.
Laura. Herr! wie kann ich's euch vergelten —
Gouv. Mädchen! ach! für alle Welten,
Geb' ich deine Liebe nicht?
Laura. (bey Seite) Weh mir! wenn sein Herz so spricht!
Gouv. Deinen Bruder sollst du sehen —
Laura. Ich will ihm entgegen gehen —
Beyde. { Welche Freude! welch ein Glück —
{ Ihren Bruder, sucht ihr Blick —
{ Meinen Eduard sucht mein Blick. (Beyde ab)

Dreyzehenter Auftritt.

(Vorige indianische Gegend.)

(Bella aus der Hütte verschleiert. Eduard kömmt.)
Bella. 18 Jahre, die ich auf dieser schönen Erde gelebt, ohne der Liebe seligste Empfindung je in meinem Busen gefühlt zu haben. —
Eduard. Himmel! Sie ist's — Bella! (will sie an der Hand nehmen.)
Bella. (will fliehen) Laß mich — du allein verbitterst mir den Tod. — Das Gesetz verbeut mir, von diesem Augenblicke an, mit einem Manne zu reden. — Wenn sie käme die Priesterinn, und träfe mich an in dieser ernsten Stunde bey dir — bey dir, der du die Ursache meiner Thränen, die Ursache bist, warum ich diese Welt so ungern verlasse.
Eduard. Armes Mädchen! wirf deinen Schleier

ewiger Fluch käme über meine Gebeine, wenn sie
lägen auf dem Scheiterhaufen, um hinüber zu wandeln in die seligen Gefilden des Brama. —
 Eduard. Du wünschteſt alſo ſehr, bey Leben zu
bleiben? — gutes Mädchen!
 Bella. Frage dein eigen Herz, dieſes ſoll dir
antworten.

  Schön iſt das Leben,
  Schön die Natur,
  Wenn Blumen blühen
  Auf roſichter Flur.
  Aber noch ſchöner
  Iſt mir dein Bild
  Wenn es mir lächelt
  Himmliſch und mild.
  Schön iſt — ꝛc. ꝛc. (in die Hütte ab.)

Vierzehenter Auftritt.

(Eduard allein, hernach der Oberbramine.)

Eduard. Armes, unglückliches Mädchen! daß ich
ein Mittel wüßte, um dich zu retten — ha! dort
kommt der Oberbramine heilig und ernſt, in tiefes
Nachdenken verſunken, — ich will mich entfernen.
            (abwärts)
 Oberbr. (geht vor die Hütte) Hier iſt der heilige
Ort, hier die heilige Mauern, welche die Geſegnete einſchlieſſen, — wie gerne möchte ich ſie von
ihren heiligen Gelübde entledigen. —
 Eduard. (bey Seite) Ha! ich faſſe neuen Muth?
— (laut) Segen über euch, frommer Prieſter des
Brama! Sagt mir doch, Herr! ſchon lange unter-
ſuche ich die Urſache der feſtlichen Verzierung dieſer
Hütte? — Was hat ſie zu bedeuten?
 Oberbr. In dieſer Hütte wohnt ein Mädchen,
zu Bramas Opfer beſtimmt, und ich komme
hieher, ſie zu retten.
 Eduard. Und wie könnt ihr das?

Eduard. Thut das, frommer Herr! ihr werdet eurem Brama ein angenehmeres Opfer bringen, wenn ihr nicht unschuldig Blut vergiesset.

Oberbr. Wenn sie mich aber nicht liebt?

Eduard. Kommt! ich will mit ihr reden, will sie ausforschen, will euch die Nachricht überbringen, will sie mit allen Gründen der Billigkeit zu überreden suchen) — Kommt. —

Oberbr. Es ist ihr aber nicht mehr vergönnt, sich vor profanen Augen zu entschleiern.

Eduard. (eilig) So kommt — gebt mir auf einige Augenblicke euer heiliges Gewand, worinn ich die schönste der Menschenpflichten — Menschenliebe ausüben will. (zerrt ihn fort.)

Oberbr. Was verlangt ihr? — ich verstehe euch nicht. —

Eduard. Etwas, das Menschenliebe heischt — etwas, das euer Herz gebeut, — ihr sollt das Mädchen retten! (nimmt ihn mit Gewalt fort, ab.)

Fünfzehenter Auftritt.

(Mika allein.)

Wenn ich nur einen von denen zwey Männern finden könnte, um ihnen alles zu entdecken. — Wie gesagt, fort von dem Nest, das wird das Beste seyn. Das Schlimmste bey der Sache ist, daß diese Insel mit Wasser umgeben ist, denn das zu Fuß gehen auf dem Meer hab ich nicht gelernt. Barzalo läßt sich auch nicht sehen, und jetzt wär doch so die beste Gelegenheit, eine kleine Liebesunterhandlung mit ihm zu pflegen.

Sechzehenter Auftritt.

(Mika, Barzalo.)

Barz. Bravissimo! auf dieser Insel ist ja Freude und Vergnügen zu Haus, was machst denn du hier? hast du meinen Herrn nicht gesehen?

Mika. Er ist bey seiner Geliebten, aber sag du mir: hättest du wohl Lust, in einigen Tagen mit mir nach Spanien zu reisen? —

Barz. Und warum nicht? wo du bist, du kleine Schelmin! da bleibe ich sicher nicht zurück; — aber was wird denn dein Mann dazu sagen? he! —

Mika. Mein Mein! du meynst den Pirokko? den lassen wir hier. — (bey Seite) Ich muß ihn nur ein wenig mit Unwahrheit berichten. — (laut) Sieh, im Vertrauen gesagt, er ist noch nicht ganz mein Mann. — Wir waren lange Zeit die einzigen europäischen Geschöpfe hier, und du weißt ja, gleich und gleich gesellt sich gern. —

Barz. Das ist ja allerliebst! — auf diese Art könnten wir also immer noch ein Paar werden? gieb mir deine Hand! —

Mika. Nun freylich! — hier hast du alle beyde. —

Barz. Mädchen! willst die meine seyn,
Gieb die Hand und schlage ein,
Ich lieb dich allein.

Mika. Ja, ich will die deine seyn,
Hier die Hand, ich schlage ein,
Ich lieb dich allein.

Barz. Sagst du ja! —

Mika. Ich sage ja! —

Beyde. So ist der Hochzeittag auch da. —

Barz. Du wirst mein Weibchen, ich werde Papa —

Mika. Ich werd' dein Weibchen, und werd Mama —

Barz. Fiat experientia! — (Pirokko kommt.)

Beyde. (lustig) Gib die Hand wir schlagen ein
Und lieben uns allein.

Siebenzehnter Auftritt.

(Pirokko, kommt dazwischen, und jagt sie auf zerschie=
denen Seiten ab.)

Pirok. O ihr Schelmengezicht! hab ich deßwegen
meinen Herrn Landsmann so freundlich in mein
Haus aufgenommen, daß er mir mein Weib ver=
führen soll? Und zu dem, — was hab' ich denn
gehört von Papa und Mama werden? und noch
dazu Fiat experientia? — Nur Geduld! ich ver=
steh' auch Latein. —

Die Katze läßt das Mausen nicht,
 Die Weiber naschen gern,
Und suchen öfters ein Gerücht,
 Bey andern frembem Herrn, trallala la!

Der Ehestand wär zuckersüß,
 Fiat justitia!
Allein — merkts euch — vexabilis
Est omnis fœmina — trallala la! —

Ein Ehmann ist ein armer Wicht,
 Oft juckts in Capite —
Denn d' Weiber lassen s' Naschen nicht —
 Experto credite. trallala la — (ab)

Achtzehnter Auftritt.

Eduard in des Braminen Kleidung, hernach Bella verschleiert.

Eduard. Nun bin ich wieder hier, um einen der
wichtigsten und gefährlichsten Plane auszuführen,
— ha! wenn ich mich nicht irre — Sie kömmt! —
         (geht zurück)

Bella. Ich will frische Luft einhauchen, die weni=
ge Stunden noch, die mir der Himmel vergönnen
wird. — Heilige Sonne! wen seh ich? —

Eduard. (feyerlich) Gesegnete des Wistnu! heili=
ge Tochter des Brama! du weißt, welch glückliches
Loos deiner wartet — willst du ein noch zwölfmal

ein Singspiel in zwey Aufzügen. 51

glücklicheres in diesem Leben genießen, so entschließe dich, meine Gattinn zu werden. —

Bella. Wie — Priester! sagtest du nicht so oft, daß es kein grösseres Glück gäbe, als für Brama zu sterben? —

Eduard. Ueberlaß diese hohe Ehre einer deiner Gespielinnin, —

Noch ist sie nicht verblüht, die Rose —
Noch wartet deiner namenlose
Ruh und Zufriedenheit! —
Noch schmeckest du der Jugend Freuden
Und kennest nicht des Lebens Leiden
Und seine Bitterkeit —
Zu retten dich — sey meine Pflicht —
Nein, Mädchen! — nein — du stirbest nicht

Entschleiere dich, schöne Bella!

Bella. Das Gesez fodert aber, mein Gesicht nicht mehr vor menschlichen Augen aufzudecken. —

Eduard. Wie? kennst du nicht die heilige Würde, die ich begleite? — bin ich nicht Bramas oberster Diener einer, der befugt ist, alles, was profanen Augen entzogen ist, mit Würde und heiliger Anstand zu begaffen? —

Bella. Ich befolge deinen Willen, frommer Priester! (sie wirft ihren Schleier zurück, erkennt Eduard. Himmel! ich bin verloren! —

Eduard. Folg mir in deine Hütte, dort will ich dir die Absicht dieser Vermummung entdecken. (mit ihr ab, wie er an der Thüre ist, sieht er Barjalo Ich werde dir sogleich folgen.

Neunzehnter Auftritt.

Barjalo sieht sich furchtsam um, in der Ferne Eduard

Barj. Er ist doch fort, der impertinente Kerl es geschieht mir aber recht, warum muß ich mich auch in jede Schürze verlieben, — alle Wetter!

ein Singspiel in zwey Aufzügen.

Eduard. (gibt sich zu erkennen) Wenn er dich aber darum bittet. —

Barz. Alle Donnerwetter! was ist das? Beym Ritter Don Quichote sie sinds! — Was Henkers! machen sie denn in dieser Vermummung? —

Eduard. Folg mir in diese Hütte, dort will ich dir meinen Plan entdecken, heute soll noch ein Mädchen geschlachtet werden, und du sollst dich statt ihr zum Opferaltar führen lassen. —

Barz. Wer — ich — statt ihr zum Opferaltar? Ich empfehl mich — (will fort)

Eduard. Und wohin willst du?

Barz. Nach Spanien — geradenwegs nach Madrid. —

Eduard. Bist du nicht in meinen Diensten?

Barz. Ja, aber s'Verbrennen lassen haben sie in ihrem Kontrakt vergessen. —

Eduard. Ich bezahle dir aber 1000 Duplonen. —

Barz. Ich dank, die 1000 Duplonen müßt ich ohnehin gleich meinem Universalerben vermachen.

Eduard. Ich geb' dir mein Ehrenwort, Lord Jansen und ich retten dein Leben. —

Barz. Erlauben Sie — Sie könnten um ein paar Minuten zu spät kommen. — Nein — ich geh! — (will fort)

Eduard. (zieht eine Pistole) Barzalo!

Barz. Aber lieber, bester gnädiger Herr! so seyns nur vernünftig! —

Eduard. Diese Kugel endet dein Leben, wenn du mir nicht schwörst. —

Barz. Leib und Leben — aber nur das nicht, daß ich mich soll verbrennen lassen. —

Eduard. Folg mir in diese Hütte, — dort wartet deiner die thätigste Belohnung! (ab)

Barz. Ich hätt aber den Teufel von der thätigen Belohnung! — Aber so ists, wenn man bey einem verliebten Herrn dient! — Schlachten — Verbrennen — und zuletzt vielleicht gar noch aufhängen. —

Ich dank für diese Ehre,
Nein, wahrlich nein — ich wäre
Ein rechter Dummrian —
Mich schlachten lassen — mich verbrennen lassen?
Ey — wißt nicht — warum?
Ich dank für diese Ehre,
Nein, wahrlich nein — ich wär —
Ein rechter Dummrian. (ab)

Zwanzigster Auftritt.

(Pamelnhain. Kastell. Laura kömmt, hernach Eduard.)

Laura. Bald verfliegen, wie ein Dunst — meine finstere Fantasiebilder, — ein mächtiger Strahl von Hofnung erfüllt meine Seele. — Ich hab ihn gesprochen meinen Eduard! — Der Gouverneur hält ihn für meinen Bruder, — o so werden auch wieder nach der schmerzlichsten Trennung die glücklichen Tage meines Jugendlebens erscheinen? —

Finale.

Einst war ich froh mit ihm allein,
Da wiegte mich in Träumereyn
  Das süsse Lied der Nachtigall
  Und ihr harmonischer Silberschall,
    Zu neuen Freuden ein. —
Eduard. (in ihre Arme) Laura!
Laura. Eduard!
Beyde. { Leid und Jammer ist verschwunden
        Unsre Herzen sind verbunden
        Ewig durch der Liebeband! —

Ein und zwanzigster Auftritt.

(Vorige, der Gouverneur.)

Alle drey. { Welche Wonne, welche Lust!
            Wenn Geliebte sich vereinen,
              Geschwister

ein Singspiel in zwey Aufzügen. 55

Zwey und zwanzigster Auftritt.

(Vorige, einige des Hofstaats.)

Erster. Herr! es ist alles bereitet —
Zweyter Der Priester heilige Schaar,
   Wartet dein im heiligen Tempel,
   Wartet dein beym heiligen Altar.
Laura. }
Eduard. } Wir müssen uns verstellen
Gouv. Ihr werdet mir jetzt folgen! —
Beyde. Ja Herr! wir folgen gern. —

Drey und zwanzigster Auftritt.

(Vorige, Braminen ohne den Oberpriester.)

   Zum Opfer, zum Opfer! —
      Singt Jubellieder!
   Und vom Tempel rausche wieder
      Bramas hoher Jubelsang.   (Alle ab.

Vier und zwanzigster Auftritt.

(Palmenhain. Eine Grottage, welche zur heiligen Quelle führt. Barzallo in weissem Opferkleide und Schleier.)

Mikc.   }
Pirok. } Fasse Muth es soll dir nichts geschehn,
Lord.   } Tausend Duplonen sind dein Lohn —
Barz. (weinerlich) Lassen sie mich weiter gehn,
      Ich hätt' den Teufel davon.
Alle   }
drey. } Um dich zu retten, gehn wir fort! (ab)
Barz. Ich bleibe nicht an diesem Ort!
(allein) In der Blühte meiner Jahren,
   Soll' ich zum Herrn Brama fahren,
   Und ich kenn den Monsieur nicht,

Fünfundzwanzigster Auftritt.

(Barzalo, Oberpriester. —)

Oberpr. Schöne Bella! du kennst meine Pflicht,
Barz. (bey Seite) Verstellungskunst verlaß mich
nicht.
Oberbr. (mit Ceremonie) Tochter der Sonne!
Barz. (bey Seite) Meinetwegen Tochter des Fix-
sterns!
Oberbr. Die Sonne scheinet über dir,
Bald ist die ernste Stunde hier —
Barz. Geh fort — und packe dich von mir —
Oberbr. Schöne Bella! rette dich, und geh den
Vorschlag ein —
Barz. Nein, nein, nein! es muß gestorben seyn
Oberbr. Wohlan! steig in die heilige Grotte,
Versöhne dich mit unsrem Gotte — (Der Chor
beginnt)
Durch Bramas Baade gereinigt,
(er geht dem Bist du zum Opfer geheiligt. — (er
Chor entgegen.)   steigt hinunter)
Barz. ⎫ Adieu! du schnöde böse Welt!
(weinend) ⎬ Durch dich ward' ich so oft geprellt
Bald plagte mich die Liebe,
Bald hatte ich kein Geld,
Adieu! du schnöde Welt!

Sechsundzwanzigster Auftritt.

(Der ganze Zug beginnt, um ihn zu holen. Braminen mit Feuer. — Tänzer und Tänzerinnen mit

ein Singspiel in zwey Aufzügen.

Schellen und Tamburins. Der Gouverneur mit dem Hofstaat. Leibwache. Laura mit dem Gouverneur.)

Oberbr.⎫ Gesegnete der Sonne!
geht an ⎬ Barz. Ich komm ja schon — (schaut heraus,
die Grotte⎭ wie er aber so viele Menschen sieht,
  verkriecht er sich gleich wieder.)
Oberbr. Wirst du bald zu Ende seyn?
Barz. Ich bin schon wie Schnee so rein.
Chor. Zum Opfer! zum Opfer! ꝛc.
      Singt Jubellieder,
  Und vom Tempel rausche wieder
    Bramas hoher Jubelsang! (alle im
        feyerlichen Zuge ab.)

Sieben und zwanzigster Auftritt.

(Der Tempel der Sonne. Durch eine lange Colonnade sieht man unter blitzenden Sternen das Symbol der Sonne. Indianischer Opferaltar mit dem heiligen Feuer. — Opferbinde und Opfermesser. Oberpriesterinn; Priesterinnen mit Rauchfässern.)

Alle. Rein, wie die Sonne, feyerlich heilig —
    Ist das Werk, das wir beginnen —
   Wir erkohrne Priesterinnin,
     Brama eingeweiht —
Oberpriesterinn indem⎫ Ich beginne das Werk —
das heilige Feuer an=⎬ Es steige die Flamme empor!
gezündet wird.⎭
Alle ⎫
drey.⎭ Rein, wie die Sonne ꝛc.

Acht und zwanzigster Auftritt.

Voriger Zug, die Tänzer machen komische Patomimen gegen das Opfermädchen. Alle bringen Geschenke, Goldstangen, Goldstoffe und dergleichen.

Chor.
Heil und Glück der Siegerinn;
Ihr ist die Krone der Ehren —
Heil ist ihr Gewinn.
Barz. (weinend) Weh mir, jetzt soll ich ganz allein,
Am diesem Ort traurschiret seyn.
(Der Chor beginnt.)
Die Priesterinn und Priester, machen einen halben Zirkel um Barzalo, die Oberpriesterinn bindet ihm einen rothen Gürtel um den Leib. Er wird vor den Altar geführt. Die Oberpriesterinn heiliget das Messer, die Knaben halten ein goldenes Gefäß. Unter dieser feyerlichen Musik fällt alles auf das Antlitz. —

Oberbramine (mit heiligem Anstand) Brama! herrlich grosser! unendlich ewiger! groß bist du, wenn du Welten wie Saamkörner ausstreuest, wenn du die Sonne, Mond und ihre Sterne als Bilder deiner Größe mit unermeßlicher Allmacht auf ihren Weg schleuderst — Brama erhöre uns!

Donner und Blitzen. Das Symbol verfinstert sich. Hinter demselben hört man die Worte von Bella)
Bella soll leben, durch ein Wunderwerk,
Ihr ist das Leben gegeben! (Man hört Degengeklirre, Lärmen. Alle stehen auf in Verwirrung.
Brama! was ist geschehn? —
Wir sind verloren —
Was haben wir gesehn! —

Letzter Auftritt.

Die Tempelthüren werden eingestürzt. Jansen und Eduard mit Europäern. — — Alle mit blosen Klingen, die sie aber zur Erde gesenkt tragen.
Heil und Friede mit Euch —
Brüder eines Gottes!
Alle. Was ist hier vorgegangen,
Wir alle sind gefangen,
Wie wird es uns ergehn? —

ein Singspiel in zwey Aufzügen. 59

Eduard. Habt ihr gehört die heiligen Worte —
    Bella soll leben! —
Jans.⎫ Wir Abstämmlinge eurer Gottheit
Edu. ⎭ Sind gesandt, die Unschuld zu retten —
Eduard. Verlangt ihr dies Opfer zum Weibe?
Oberbr. Ja! —
Eduard. Seht sie einmal an,
    Durch ein Wunderwerk, schuf sie Brama um
      In einen Mann —
Alle. Hilf Brama! welch ein Mirakel!
Barz. Hilf Himmel! welch ein Spektackel!
Bella. (kommt) Vater!
Alle. Hier Bella!
Kal. Meine Tochter!
Lord. Um dir die Freude zu vergrössern,
    So nimm hier deinen Sohn! —
Kal. Meinen Sohn? —
Edu. Ich sein Sohn?
Lord. Als wir vor 20 Jahren
    Auf dieser Insel waren,
    Stahl ich dir deinen Sohn,
    Nimm ihn zurück! — (Umarmung)
Edu. Vater!
Kal. Mein Sohn!
Bella. Bruder!
Gouv. Sein Sohn!
Alle. Sein Sohn! —
Gouv. (sie geben sich die Hände)
    Ewige Freundschaft sey uns heilig —
    Laßt uns als Brüder, einander lieben —
    Hand in Hand — Ewig daure dieses Band!
      Chor wird wiederholt.
Gouv. In freudenvollen Chören,
    Gott Brama zu verehren
      Steig unser Jubel empor —
Alle. Brama ist versöhnt —
Gouv. Auf ehret die Verbrüderung!
    Auf ehret Menschenhuldigung!

Alle. Wir ehren die Verbrüderung!
Und ehren Menschenhuldigung!

Gruppe von Allen.

―――――

Das Divertissement fängt an —

Ende des Singspiels.